# MIS PAPÁS NO SON SUPERHÉROES

Bernat y Lluna aman a sus papás, aunque desearían que fueran superhéroes. En su vida diaria, enfrentan desafíos y emociones, como el cansancio, el enojo y la tristeza. A través de estas experiencias, descubren que ser vulnerable y humano también es una forma de tener superpoderes.

## Valores implícitos

En este cuento se destaca la importancia de la empatía, la aceptación y el amor incondicional en la familia. Enseña a los niños que ser vulnerable y tener emociones es natural, y que la verdadera fuerza reside en el apoyo mutuo y el perdón. Valora la comprensión y el cariño en las relaciones familiares.

# MIS PAPÁS NO SON SUPERHÉROES

Adriana Smith

Ilustrado por
Naty Scabuso

Bernat adora a su mamá. Ella siempre encuentra tiempo para leerle un cuento al final del día, cuando todos están cansados y nadie le hace caso.

A Lluna le encanta que papá le haga circuitos con los cojines del sofá y que juegue con ella a la isla de los cocodrilos.

Cuando los papás cantan juntos,
el corazón de Lluna y Bernat
quiere explotar de alegría.

La mamá de Lluna es la seño de los pequeños, y cuando un niño le pega en la fila por una rabieta, Lluna lo ve y tiene miedo.

A Lluna le gustaría que mamá fuera
una superheroína y se llevara volando
a una nube lejana al niño que se enfada
con ella porque le cuesta venir al cole.

El papá de Bernat, a veces, cuando
vuelve por la tarde de la oficina,
tiene mucha pena y tiene que
tumbarse en la cama a descansar.

A Bernat le gustaría que papá siempre estuviera contento y fuera un superhéroe que nunca tuviera que tumbarse porque tiene pena por la tarde.

A veces, mamá y papá se enfadan, y Lluna
y Bernat se sienten inseguros, como cuando
aprenden a ir en bici o a nadar sin manguitos.

A Lluna y a Bernat les gustaría que papá y mamá fueran superhéroes y, en vez de discutir, salvaran a alguna ballena varada de vez en cuando.

Papá es vulnerable. Eso significa que, a veces, se pone enfermo, y todos podemos cuidarle y darle cariñitos hasta que se ponga bien.

Mamá es vulnerable. Eso significa
que, a veces, necesita abrazar a
papá muy fuerte porque le cansan
las cosas que pasan en el cole y
podemos dejarlos tranquilos para
que descansen el uno en el otro.

Los papás son **PERSONAS**. Por eso, a veces, se equivocan o se les salen los sentimientos por la boca, y tienen que volver a empezar para hablarse mejor. Los papás pueden pedirse perdón y darse un besito en la nariz.

Los papás no son superhéroes, pero sí que son nuestros papás..., y eso es un superpoder que nadie más tiene.

# LA MAGIA DEL AMOR DE PAPÁ Y MAMÁ

- ¿Te has dado cuenta de lo feliz que se siente Bernat cuando su mamá le lee un cuento al final del día? ¿Qué cosas te gusta hacer con tu mamá o tu papá que te hacen sentir igual de feliz?

- Lluna se divierte mucho cuando juega con su papá a la isla de los cocodrilos. ¿Qué juegos te gusta jugar con tu mamá o tu papá que te hacen reír y divertirte?

- A veces, mamá y papá pueden estar tristes o cansados, como el papá de Bernat después de trabajar. ¿Qué cosas crees que puedes hacer para ayudar a mamá y papá a sentirse mejor cuando están tristes?

- Mamá y papá no son superhéroes, pero tienen un superpoder muy especial: ser nuestros padres. ¿Qué cosas especiales hacen tu mamá y tu papá que te hacen sentir querido y protegido?

Recuerda siempre que aunque mamá y papá no sean superhéroes, tienen el poder de amarte y cuidarte como nadie más puede hacerlo. Siempre estarán ahí para ti.

LA CASITA
ESDRÚJULA

**Mis papás no son superhéroes**

© del texto: Adriana Smith
© de las ilustraciones: Naty Scabuso
© del diseño y corrección: Equipo BABIDI-BÚ

© de esta edición:
Editorial BABIDI-BÚ, 2025
Avda. San Francisco Javier, 9, 6ª, 23
Edificio Sevilla 2
41018 – SEVILLA
Tlfn: 912.665.684
info@babidibulibros.com
www.babidibulibros.com

Impreso en España
Primera edición: mayo, 2025

ISBN: 979-13-87735-29-6
Depósito Legal: SE 614-2025